lauren child

Sag mal:

»Spaghettiii!«

Fischer
Schatzinsel

Fischer Schatzinsel
www.fischerschatzinsel.de

Die Texte basieren auf dem Skript der

englischen Fernseh-Serie von Samantha Hill

Aus dem Englischen von Karen Thilo und

Martin Frei-Borchers, Redaktion Hilla Stadtbäumer

Illustrationen aus der Original-Fernsehserie,

produziert von Tiger Aspect

Die englische Originalausgabe erschien 2007 unter dem Titel »Say Cheese!« bei Puffin Books, London
Text and illustrations © Lauren Child/Tiger Aspect Productions Ltd. 2007
The Charlie and Lola logo is a trademark of Lauren Child
Alle Rechte vorbehalten
The moral right of the author/illustrator has been asserted

Für die deutschsprachige Ausgabe:
© S. Fischer Verlag GmbH, Frankfurt am Main, 2008
Satz: Pinkuin Satz und Datentechnik, Berlin
Printed in China
ISBN 978-3-596-85298-7

Nach den Regeln der neuen Rechtschreibung

Ich hab 'ne kleine Schwester: Lola.
Sie ist klein und ziemlich komisch.
Heute kommt der Fotograf in unsere Schule.
Mama und Papa sind ganz aufgeregt,
es ist nämlich Lolas allererstes Schulfoto.

»Mama sagt,
    dass es ein APSELUT besonderes **foto** wird.
Besonders, wenn ich schön hübsch sauber bleibe«,
    sagt Lola.

Ich sage:
»Und, glaubst du, du kriegst
    das hin, Lola?«

»Ist doch baby-leicht!«,
    sagt Lola.

»Natürlich kann ich schön **hübsch sauber** bleiben
für das **Foto**. Das kann ich, Charlie.
Guck! Guck mal, die ganzen **Fotos** hier
von den Ferien bei Oma und Opa!«

»Ich hatte keine Schokolade auf meinem Kleid!«, sagt Lola.

Ich sage:
»Nee, nicht auf dem Kleid, Lola ...

Und was ist mit dem hier im Park?«

Lola sagt:
»Aber meine Schuhe sind sauber!«

»Aber nur, weil du sie ausgezogen hast, Lola!«

»Hier, guck dir mal deine Haare an.«
Lola sagt:
»Mein Gesicht ist ganz sauber! Und guck, wie schön ich lächele. Mama sagt, ich kann toll lächeln.«

Ich sage:
»Japp, du bist die Lächelweltmeisterin. Und was sagst du beim Lächeln?«

Lola sagt:
»Spaghettiii! Spaghettiii! Tiii… tiii!«

Als es Zeit ist, zur Schule zu gehen, sagt Lola:
»Mama und ich haben mein schönstes
Kleid rausgesucht und meine besten
Schuhe und meine
Lieblings-Haarspangen.

Siehst du, Charlie,
das wird ein apselut
wunderhübsches
Schulfoto!«

Auf dem Schulhof treffen wir Lotta.
Lola sagt:
»Auf dem Schulweg bin ich durch
keine einzige Pfütze gelaufen!«

»Ich auch nicht«, sagt Lotta.

»Ich glaube, ich werde die Allerallerordentlichste
auf dem **Schulfoto** sein!«,
sagt Lola.

»Das wirst du bestimmt«,
sagt Lotta.
»Vielleicht ...«

»Komm, Lotta«, sagt Lola.
»Wir spielen eine Runde
das Pfützenspiel!«

Lotta sagt:
»Aber meine Mama sagt, ich darf
in keine Pfütze springen.«

»Ich auch nicht«, sagt Lola. »Dann spielen wir eben Um-die-Pfützen-herum-Rennen.«

»Guck, wenn man nur drumrum rennt, bleibt man hübsch sauber!«

Dann klingelt es zum Unterrichtsbeginn.

Im Klassenraum sagt Lola:
»Ich mag mein Buch. Magst du auch dein Buch, Lotta?«
»Ja. Aber das Waschbecken mag ich auch.«
Lola sagt: »Aber Lesen ist **ordentlicher**.«

Lotta sagt: »Sollen wir was anderes spielen?«

Lola sagt:
»Wie wär's mit dem Waschbecken?«

»Ja, ja, jaaa!«

Lotta sagt:
»Wasser macht einen ja wohl
nicht schmutzig, oder?«

Lola sagt:
»Nein, Wasser macht
einen sauber!«

In der Pause sagt Lola:
»Jetzt trink ich meine
Erdbeermilch.

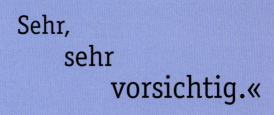

Sehr,
sehr
vorsichtig.«

»Oh nein!«

Beim Malen sagt Lola:
  »Ich liiiebe Fingerfarben!«

  »Ich auch«, sagt Lotta, »die mag ich am liebsten.
  Bestimmt bleiben wir ganz sauber
  mit den Schürzen ...«

»Glaub ich auch!«, sagt Lola.
»Jeder nur einen Finger!«

»Vorsicht, Lola!«

Lola sagt:
      »Uäääh … Lotta,
meine Hände sind
            ganz blau!«

Und Lotta sagt:
»Meine Hände sind
ein bisschen grün. Und
ein bisschen rot auch.«

»Aber Farbe kann man abwaschen,
    oder?«, fragt Lola.

    »Oh ja!«, sagt Lotta.
        »Farbe geht wieder ab.«

Und als Lotta sich
    die Hände waschen
geht, sagt Lola:
        »Ich komm gleich
Ich guck nur
        nochmal mein
Bild an!

    Aaaah!«

Und dann ist plötzlich
der Fotograf da.

»Warte, Lotta,
ich MUSS auch saubere
Hände haben«, sagt Lola.

»Warte auf mich!«

Und dann stehen wir lange
in der Reihe und warten drauf,
fotografiert zu werden.

Lola sagt:
»Guck, wie sauber meine
Hände sind,
Charlie.«

Ich sage: »Vergiss bloß nicht zu lächeln!«

»Oh ja, hätte ich fast vergessen …
die Lächelweltmeisterin!«

Dann sind wir dran.

Ich sage: »Stillgestanden, Lola.
Nicht zappeln! Fertig?«

»Ouuups!«, sagt Lola.

Ich sage:
»Nochmal. Fertig?

1 ...

    2 ...

        3 ...!«

»Oh!«, sagt Lola.

»Spaghettiii!«, sagt Lola.

Später schauen wir zusammen
die Fotos an.
Ich sage: »Na ja, wenigstens lächelst du, Lola.«

»Aber ich bin NICHT schön hübsch sauber ...
Dabei hab ich's versucht.«

Lola sagt: »Ich wollte doch nur mal EIN EINZIGES foto, mit dem Mama auch zufrieden ist.«

»Aber Mama ist bestimmt zufrieden«, sage ich.

Lola sagt: »Sie soll aber zufrieden sein, weil ich hübsch sauber aussehe!«

Da habe ich eine Idee …

Papa hat uns erlaubt,
ein paar alte Fotos zu nehmen ...

Und nach ganz viel

Schneiden,

Schnipseln

und Kleben ...

sagen Lola
und ich:

»Fertig!«

Als wir abends ins Bett gehen, frage ich:
»Und, was hat Mama gesagt?«

»Sie hat gesagt, das ist WIRKLICH
ein ganz BESONDERES
Foto von mir!«

»Spaghettiii!«